BEI GRIN MACHT SICH IHR WISSEN BEZAHLT

HF167073

- Wir veröffentlichen Ihre Hausarbeit,
  Bachelor- und Masterarbeit

- Ihr eigenes eBook und Buch -
  weltweit in allen wichtigen Shops

- Verdienen Sie an jedem Verkauf

Jetzt bei www.GRIN.com hochladen und kostenlos publizieren

Der Behaviorismus als klassische Lerntheorie

Seine Bedeutung für die Erwachsenenbildung anhand eines Beispiels

Anna Wittmann

Bibliografische Information der Deutschen Nationalbibliothek:

Die Deutsche Nationalbibliothek verzeichnet diese Publikation in der Deutschen Nationalbibliografie; detaillierte bibliografische Daten sind im Internet über http://dnb.d-nb.de abrufbar.

ISBN: 9783346454348
Dieses Buch ist auch als E-Book erhältlich.

Druck und Bindung: Books on Demand GmbH, Norderstedt Germany
Gedruckt auf säurefreiem Papier aus verantwortungsvollen Quellen

Das vorliegende Werk wurde sorgfältig erarbeitet. Dennoch übernehmen Autoren und Verlag für die Richtigkeit von Angaben, Hinweisen, Links und Ratschlägen sowie eventuelle Druckfehler keine Haftung.

Das Buch bei GRIN: https://www.grin.com/document/1030525

Anna Wittmann

Internationale Hochschule Bad Honnef

Hausarbeit im Modul Lernen von Erwachsenen

Aufgabenstellung 1: Klassische Lerntheorien, Behaviorismus

Abgabe erfolgt am 12.11.2020

Inhaltsverzeichnis

1.Einleitung

In dieser Hausarbeit beschäftige ich mich mit der ältesten aller Lerntheorien beschäftigen. Dies ist die klassische Lerntheorie des Behaviorismus, dessen Entstehung im gesellschaftlichen und historischen Kontext sowie bedeutenden Persönlichkeiten welche mit der Lerntheorie im Verbindung stehen. In den Kapiteln 2 möchte ich näher auf das klassische Konditionieren nach Pawlow sowie das operante Konditionieren nach Skinner eingehen. Doch zunächst sollte die Frage geklärt werden „Warum die Lerntheorie des Behaviorismus?"

Der Behaviorismus ist faszinierend und begegnet uns im alltäglichen Leben, auch wenn dies oft ungewollt geschieht. Das klassische Konditionieren nach Pawlow und Watson sowie das operante Konditionieren nach Thorndike und Skinner werden fast täglich angewendet und sind mit Sicherheit schon bei jedem Menschen, wenn auch ungewollt, angewendet worden. Genau das ist das Spannende am Behaviorismus, ich möchte das für uns alltägliche und unbewusste näher betrachten um es einst selbst gezielt anwenden zu können. Im Alltag kennen wir diese Lerntheorie aus dem Kindergarten, der Schule, der Familie oder auch dem Freundeskreis. Fehlverhalten soll durch eine Bestrafung gemindert werden und positives Verhalten durch einen positiven Impuls wie Lob verstärkt werden. So kann der Behaviorismus als eine Verkettung von Reizen und Reaktionen betrachtet werden. Diese Lerntheorie verbindet die Umwelt mit dem System des Menschen und zeigte auf wie diese die Sozialisation sowie den Prozess der Entwicklung der Persönlichkeit beeinflusst. Der Mensch hat seine Erbanlagen, geformt wird er jedoch durch seine Erziehung sowie der Umwelt. Die Entwicklung von Moral und Werten wird stark von der Umwelt beeinflusst. Der Behaviorismus lässt sich ableiten von dem englischen Wort Behavior, was zu Deutsch als passives Verhalten und unbewusste Steuerung übersetzt werden kann. Die Lerntheorie des Behaviorismus sieht den Menschen als ein passives Wessen welches durch seine Umwelt gesteuert wird. Damit ist gemeint, auf jeden Impuls und Reiz von außen folgt eine Konsequenz. Auf diese Konsequenz erfolgt wieder ein bestimmtes Verhalten, somit steht der Mensch als System in ständiger Wechselwirkung mit dem System der Umwelt. Die Umwelt beeinflusst den Menschen und dieser beeinflusst wiederum seine Umwelt. Diese klassische Lerntheorie ist abgeleitet aus der Naturwissenschaft, inspiriert von dem Ursache-Wirkungs-Denken. Demnach lässt sich der Begriff des Lernens im Behaviorismus wie folgt nach Hilgard und Bower definieren: „Veränderung von Verhalten, oder im Verhaltenspotenzial von Organismen in einer bestimmten Situation, die auf wiederholte Erfahrungen des Organismus in diesen Situationen zurückgeht [1]".

[1]Hilgard/Bower1983, S. 31, vgl. Becker-Carus, Christian: 2004, Elsevier, Spektrum Akademischer Verlag, Allgemeine Psychologie. Eine Einführung, https://www.pedocs.de/volltexte/2009/751/pdf/978_3_8274_0570_8_Becker_Carus.pdf, letzter Aufruf 12.11.2020.

Lernen bedeutet jedoch auch sein Verhalten aufgrund von vorausgehenden Erfahrungen zu ändern. In der Erwachsenenbildung geht es um ein lebenslanges Lernen, sich stetig der aktuellen gesellschaftlichen Lage, neuen Medien sowie aktuellen Geschehnissen anzupassen[1]

[1]vgl. Faulstich, Peter, 2005, Lernen Erwachsener in kritisch-pragmatischer Perspektive, Zeitschrift für Pädagogik 51 4, S. 528-542
https://www.pedocs.de/volltexte/2011/4767/pdf/ZfPaed_2005_4_Faulstich_Lernen_Erwachsener_D_A.pdf, letzter Aufruf letzter Aufruf 12.11.2020.

Der Mensch ist lernfähig bis ins hohe Alter, es geht hauptsächlich darum wie und mit welcher Lernmethode. Ausgeschlossen von dem von dem Ursache-Wirkungs-Denken sind Reifungsprozesse oder auch temporäre Bedingungen des Organismus, welche auf den Konsum von Drogen oder einer Krankheit zurückzuführen sind. Eine genaue Abgrenzung zu Entwicklungs- und Reifungsprozessen, also genetischen Ursachen, ist schwer zu treffen. Denn auch die Erb- und Umwelteinflüsse wirken im Wechselspiel zusammen. Lernen kann nun auch als eine Form der Prägung verstanden werden und erfolgt in einer Wechselwirkung mit der Umwelt, zwischen dem handelnden System Mensch und den verschiedenartigen Umweltbedingungen, sowie den Impulsen und Reizen welche aus diesem Wechselspiel herausgehen. Daraus können auch neue Impulse und Reize entstehen, welche ein neues, ungewohntes Verhalten hervorrufen können. Aufgenommen wird der Reiz der Umwelt über die Sinnesorgane des Menschen, dort werden diese Gespeichert und bearbeitet. Durch die Motorik teilt er seine Reaktion mit der Umwelt und diese reagiert erneut darauf, so beginnt der Kreislauf des Ursache-Wirkungs-Denken. Der Mensch kann mit einer Black Box verglichen werden. Die Umwelt gibt die Reize und Impulse in diese Black Box und draus erfolgt eine Reaktion. Dieser Gedankengang der Verkettung bildet die Basis des Lernens nach den behavioristischen Grundsätzen. Darauf möchte ich in den nächsten Kapiteln näher eingehen, zunächst zur Geschichte und Entstehung des Behaviorismus[2].

2. Die Entstehung und Geschichte des Behaviorismus

Die Lehre vom menschlichen Verhalten setzt das Wissen aus allen Sozialwissenschaften voraus. Zunächst haben die Sozialwissenschaftler es unterlassen das menschliche Verhalten zu analysieren. Ein Vorreiter der Soziologie Anfang des 20. Jahrhunderts war der Deutsche Max Weber, dieser setzte die Lehre des Verhaltens in den Mittelpunkt seines Werkes „Wirtschaft und Gesellschaft". Hierfür wiederum lieferte die Rechtswissenschaft und besonders die Strafwissenschaft wichtige Bestandteile. In den frühen Jahren des 20. Jahrhunderts wuchs das Interesse an dem aus Amerika stammenden Begriff des Behaviorismus auch in Deutschland.

[2]vgl. Faulstich, Peter, 2005, Lernen Erwachsener in kritisch-pragmatischer Perspektive, Zeitschrift für Pädagogik 51 4, S. 528-542
https://www.pedocs.de/volltexte/2011/4767/pdf/ZfPaed_2005_4_Faulstich_Lernen_Erwachsener_D_A.pdf, letzter Aufruf letzter Aufruf 12.11.2020.

Es war die Zeit nach dem 1. Weltkrieg und der Behaviorismus rief in den Deutschen den Aufklärungsgedanken wach und appellierte an den gesunden Menschenverstand dies stand im heftigen Kontrast mit dem philosophischen, materiellen nahezu verspielten Gedankengut der Deutschen zu jener Zeit. Besonders die geistige Situation Deutschlands gilt es zu betrachten. Der Krieg war verloren, der Kaiser abgedankt, die Republik ausgerufen, die Weltwirtschaftskrise führte zur Inflation und die Menschen wurden mit vielen technischen Erneuerungen konfrontiert. Es war die Zeit des Umbruchs und der Krisen. Das Interesse der Bevölkerung war groß und schnell fruchtete der Gedankengang aus Amerika namens „Behaviorismus". In den 1930er wurde das Werk von John B. Watson „Der Behaviorismus" vom Emmy Giese-Lang ins Deutsche übersetzt, so begann auch an den deutschen Universitäten die Auseinandersetzung mit dem Behaviorismus. Während der 1950er- und 1960er Jahren hatte die Lerntheorie ihren Einflusshöhepunkt. Der Gedankengang des Ursache-Wirkungs-Denken galt jedoch seit der „kognitiven Wende" (1960- 1970) als überholt. Zum besseren Verständnis ein Beispiel aus der zeit der Entstehung des Behaviorismus. Anfang des 20. Jahrhunderts trat das Prohibitionsgesetz in Kraft. Die Gesellschaft verdammte den Alkohol, die Wirtshäuser sowie die Folgen des Alkoholgenusses. Also wurde blind ein Gesetzt beschlossen welches all dies verbieten sollte. Jedoch führte dies zu einer reinen Neuorientierung der Menschen in dieser besonderen Situation. Das Gesetz wurde gekonnt umgangen, ignoriert und der Schwarzmarkt florierte. Im Gegenteil, die Menschen achteten noch weniger auf Gesetze aller Art, da die Hemmschwelle zum Überschreiten der Gesetze bereits übertreten wurde. Die Politiker sahen sich gezwungen dieses Gesetz nochmal zu ändern, da es nicht den gewünschten Erfolg hatte. Ein anderes Beispiel sind die Revolutionen ab dem 18. Jahrhundert. Die Veränderung des Verhaltens der Menschen war nicht vorhersehbar. Diese Beispiele können als Experimente in der Gesellschaft betrachtet werden. So lösten sich die Menschen von Regeln oder Regimen, stürzte jedoch erneut aufgrund mangelnder Erfahrung. Die Gesellschaft kann sich in ihren Manifesten irren, diese aber auch verändern, wie die Geschichte gezeigt hat. Fakt ist die Gesellschaft, die Kirche oder auch die Wissenschaft haben die Reaktionen der Menschen standardisiert. Sie geben vor welche Reaktionen auf einen Reiz akzeptabel sind, jedoch für die sozialen Reaktionen gibt es keine Form der Standardisierung. Jeder Mensch reagiert in gewissen Situationen anders, es lässt sich aber auch hier ein Verhaltensmuster erkennen. Nehmen wir als Beispiel einen Säugling. Dieser hat das Recht zu schreien, wenn er hungrig oder müde ist. Würde die ein Erwachsener ebenso tun? Sie sehen auch in den verschiedenen Phasen des Lebens verändert sich die Akzeptanz der Gesellschaft für eine Reaktion auf einen gewissen Reiz. Hier zeichnet sich schon die Passivität des menschlichen Wesens ab. Dieser wird gesteuert von seiner Umwelt sowie der Gesellschaft[1].

---

[1] vgl. Fritz Sander, 1932, Der Behaviorismus, Darstellung und Kritik, file:///C:/Users/User/Downloads/Sander1932_Article_DerBehaviorismus.pdf, Aufruf 12.11.2020.

Ziel des Behaviorismus ist es das menschliche Verhalten vorauszusagen, zu überwachen und falls nötig zu ändern. Anfangs mussten wissenschaftliche Tatbestände gesammelt werden, dies geschah aufgrund experimenteller Methoden, beobachtete wurde zunächst viel an Tieren. Der Behaviorismus ist eine Naturwissenschaft, welche das ganze gesamte Feld der Anpassungsfähigkeit des Menschen sowie den Menschen selbst betrachtet. Eine nächstverwandte Wissenschaft ist die Physiologie, diese beschäftigt sich mit organischen Funktionen des Menschen, während der Behaviorismus sich mit den Interessen, den Reaktionen sowie der Beobachtung des Menschen beschäftigt. Eine weitere Grundhaltung des Behaviorismus ist es den Menschen mit all seinen Fassetten zu verstehen, die Reaktionen nachzuvollziehen und diese vorherzusehen[1].

[1] vgl. Faulstich, Peter, 2005, Lernen Erwachsener in kritisch-pragmatischer Perspektive, Zeitschrift für Pädagogik 51 4, S. 528-542

https://www.pedocs.de/volltexte/2011/4767/pdf/ZfPaed_2005_4_Faulstich_Lernen_Erwachsener_D_A.pdf, letzter Aufruf letzter Aufruf 12.11.2020

3. Die klassische Konditionierung nach Pawlow

Iwan Petrowitsch Pawlow gilt als ein Altmeister der Physiologie, er lebte im letzten Jahrhundert (14.07.1849- 27.02.1936) und war der Entdecker der koordinatorischen Nerventätigkeit während seiner Speichelsekretions-Experimente. Zunächst wandte er sich einem naturwissenschaftlichen Studium zu bis er später Medizin studierte. Für seine Studien nahm er sehr viel Zeit in Anspruch um möglichst genau forschen zu können, er war aber keines falls ein Theoretiker, im Gegenteil er wandte sein Wissen stehts in der Praxis an. Die Auseinandersetzung mit alltäglichen Problemen aus der Praxis war eine Grundlage seiner Forschungen. Eine weiter Grundlage war die Beobachtung. Pawlow war fasziniert von den menschlichen sowie tierischen Organismen, er verglich diese oft als „Maschinen". Er forschte viel an diesen „Maschinen" und wollte wissen wie diese instand zu setzten sind. Jedoch wusste er auch das seine Maschinen keinesfalls mechanisch aufzubereiten sind, er versuchte auch das Innenleben und die Psyche zu erforschen. So widmete er sich der Innerration des Herzens sowie der Tätigkeit des Verdauungskanals unter normalen Bedingungen in. Gerade die zuletzt erwähnten Forschungen führten ihn zu sehr bedeutungsvollen Erkenntnissen von der Tätigkeitsweise zahlreicher und wichtiger Anteile des Zentralnervensystems. Jedoch möchte ich näher auf die Erkenntnis der klassischen Konditionierung nach Pawlow eingehen. Während Pawlow an dem Verdauungstrakt bei Hunden forschte entdeckte er durch Zufall einen bedingten Reflex [2].

[2] vgl. Emil V. Skramlik, 1936, Die Naturwissenschaften Heft 27, I.P.Pawlow zum Gedächtnis, file:///C:/Users/User/Downloads/Skramlik1936_Article_IPPawlowZumGed%C3%A4chtnis.pdf, letzter Aufruf 12.11.2020.

So produzierten die Hunde bereits Speichel als die Assistenten auf den Weg zu ihnen waren um diese zu füttern. Er beobachtete weiter, zunächst ging Pawlow davon aus den Hunden könnten das Futter riechen, jedoch lag es an den Gang der Assistenten. Die Hunde prägten sich den Gang der Assistenten, welche die Hunde fütterten ein, so bereiteten diese sich auf das Futter vor und produzierten Speichel. Pawlow forschte und beobachte weiter. Es gelang ihn, die auf Geräusche konditionierbaren Hunde, auch mit anderen Geräuschen zur vermehrten Speichelproduktion zu bringen. Nun bereiteten sich die Hunde beim Läuten mit der Glocke auch auf die Futteraufnahme vor. Dies waren positive Reize, wurde jedoch der Reiz längere Zeit nicht wiederholt, so wurde der Reflex Speichel zu produzieren verlernt. Auch mit negativen Reizen wie Schlägen versuchte Pawlow den Reiz auszulösen, zwar blieben diese den Hunden länger in Erinnerung, jedoch die Verbindung der Belohnung (dem Futter). Pawlow erkannte die Konditionierbarkeit der Reflexe, diese entstand im Gehirn des Organismus. Damit waren alle Vorgänge im Organismus sowie die Beziehungen zwischen Organismus und Umwelt vom Gehirn gesteuert. Pawlow nannte die erste ungelernte Reaktion, die Auslösung des Speichelflusses durch das im Maul befindende Futter eine unkonditionierte Reaktion. diese reflexartige Verhaltensweise ist keinerlei erlernen notwendig, deswegen unkonditioniert. Entsprechend bezeichnete er den originär auslösenden Stimulus, das Futter, als unkonditionierten Reiz[1].

Wie bereits Pawlow in vielen Experimenten nachweisen konnte, kann der Speichelfluss ebenso auch durch verschiedene andere Reize, wie z.B. ein Licht oder ein Signal. Die klassische Konditionierung lässt sich wie folgt definieren: Klassische Konditionierung bezeichnet die Bildung einer Assoziation (Verknüpfung) zwischen einem konditionierten Reiz und einer unkonditionierten Reaktion UR durch wiederholte, zeitlich kontingente Darbietung von konditionierten Reizen und unkonditioniertem Stimulus, der ursprünglich diese Reaktion auslöste (Becker-Carus, Christian: Allgemeine Psychologie. Eine Einführung, S. 317.) Bei der klassischen Konditionierung werden die neutralen Stimuli automatisch mit reaktionsauslösenden Reizen assoziiert. Dies lässt sich im Wesentlichen in drei Phasen unterteilen. Diese sind die Akquisition, die Extinktion sowie die Spontanerholung. Als erstes werden während der Akquisition, der sogenannten Aneignung, Paarungen von unkonditionierten Reizen abgegeben. Dies ist im Fall von Pawlows Hund wäre dies das Futter und das Erklingen der Glocke. Zwischen diesen beiden Stimuli wird eine Assoziation gebildet. Wird dies oft genug wiederholt für es zur Verstärkung der Verbindung. Es ist jedoch auch eine Entwicklung in die gegenseitige Richtung möglich, hier wird von der Löschung oder Abschwächung gesprochen[2].

[1] vgl. Christine Goerigk, Franziska Schmithüsen, 2019, Springer Verlag, Der Psycho-Comic Die Klassiker der Psychologie, file:///C:/Users/User/Downloads/2019_Book_DerPsycho-Comic.pdf, letzter Aufruf 12.11.2020.

[2] vgl. Becker-Carus, Christian: 2004, Elsevier, Spektrum Akademischer Verlag, Allgemeine Psychologie. Eine Einführung, https://www.pedocs.de/volltexte/2009/751/pdf/978_3_8274_0570_8_Becker_Carus.pdf, letzter Aufruf 12.11.2020

Bei der Extinktion, der Löschung, Wird der unkonditionierten Reiz wiederholt, jedoch ohne eine Verstärkung und die erlernte Reaktion erlischt allmählich Nach einer Ruhephase kann die gelöschte Reaktion erneut durch wiederholendes unkonditionierten Reiz spontan wieder ausgelöst werden, die sogenannte Spontanerholung. Beide Vorgänge, die Akquisition sowie die Extinktion, können nur innerhalb eines zeitlichen Zusammenhangs stattfinden. Schon Pawlow sah die zeitliche Kontiguität als kritischen Faktor um eine assoziative Verbindung aufzubauen. Zu beobachten war dies in Pawlow Experimenten mit den Tieren, so war die Konditionierung am effektivsten, wenn die unkonditionierten Reize und unkonditionierten Reize um etwa um eine halbe Sekunde verzögert getätigt wurden. Wurde diese Zeitschelle überschritten, nah die Effektivität zunehmend ab, dafür ist die Nervenleitgeschwindigkeit verantwortlich. Ist eine Assoziation zwischen zwei gewünschten Stimuli erlernt, können auch ähnliche Impulse eine konditionierte Reaktion auslösen. Angenommen, eine Person ist darauf konditioniert worden, auf ein bestimmtes Signal zum Beispiel der Pausenglocke in der Schule, mit einer vielleicht angenehmen „emotionalen Reaktion" zu reagieren. Diese Person wird dann ebenso auf einem höheren oder niedrigeren Signal mit der gleichen emotionalen reagieren, ohne darauf konditioniert worden zu sein. Das heißt, ähnliche Reize gleicher Modalität, wie unterschiedliche Signale, in die verschiedenen Lautstärken, Lichtintensitäten, Farbqualitäten oder aber auch die Reizung an verschiedenen Körperstellen können die gleiche Reaktion auslösen. Die Effektivität ist umso höher, je ähnlicher sie dem originalen Signal sind, dies ist die sogenannte Reizgeneralisation. Es hat, wie sich leicht erkennen lässt, einen hohen Evolutions- beziehungsweise Anpassungswert für das jeweilige Individuum, um auch in neuen, ähnlichen Situationen gleich erfolgreich zu reagieren. Ein weiterer Prozess ist die Reizdiskrimination, hier erlernt das Subjekt zwischen verschiedenen Reizen zu unterscheiden. So soll erlernt werden auf Reize, die sich vom ursprünglichen unkonditionierten Reiz in irgendeiner Art wie zum Beispiel der Tonhöhe, der Lichtintensität oder den Farbton unterscheiden, nicht oder anders zu reagieren. durch selektive Verstärkung und Extinktion soll Die konditionierte Diskrimination erreicht werden. Die Generalisation sowie die Diskrimination sind zählen zu der Reizdiskrimination, diesen gegensätzlichen Prozessen, können sich ebenso ergänzen. Gerade in unserem Alltag spielen diese unbewusst eine wichtige Rolle. Zum besseren Verständnis ein Beispiel aus dem Alltag: Beim Sportunterricht wird einem Kind ausversehen einen Ball in das Gesicht geworfen. Das Kind erschrickt, wird verletzt und beginnt laut zu weinen. Die anderen Kinder rennen ihm zur Hilfe und entschuldigen sich. Das Kind hat nun Angst am Sportunterricht teilzunehmen, mit den Klassenkameraden zu spielen sowie bei einem Spiel mit dem Ball mitzuspielen (Generalisation). Es steht zunächst am Rand und beobachtet die anderen Kinder beim Sport und Spiel[1].

[1] vgl. Becker-Carus, Christian: 2004, Elsevier, Spektrum Akademischer Verlag, Allgemeine Psychologie. Eine Einführung, https://www.pedocs.de/volltexte/2009/751/pdf/978_3_8274_0570_8_Becker_Carus.pdf, letzter Aufruf 12.11.2020.

Das verletzte Kind begegnet immer wieder Kindern und bemerkt, dass dies ein ausversehen war, beziehungsweise dass die anderen Kinder nett sind und sich einigen nicht mehr mit dem Ball zu spielen. Durch diese differenzielle Verstärkung diesen Begegnungen lernt das Kind schließlich, zunächst nur vor Ballsportarten Angst zu haben (Diskrimination). Dies war ein Beispiel aus dem Alltag, jedoch kann die Reizdiskrimination auch überlebenswichtig sein. So müssen wir im Straßenverkehr erlernen, bei einer roten Verkehrsampel zu bremsen oder anzuhalten, nicht dagegen, wenn die Ampel grün ist. Diese Reizdiskrimination rettet Leben. Eine weitere Form der klassischen Konditionierung ist die konditionierte Furchtreaktion hierbei spielt die Entwicklung von emotionalen Reaktionen eine wichtige Rolle. Besonders bei der Entwicklung unbegründeter irrationaler Furchtreaktionen, welche bei manchen Menschen schon oft in der frühen Kindheit beobachtet werden können. Aus diesen irrationalen Fluchtreaktionen können sich Phobien vor bestimmten Gegenständen, Tieren oder Situationen entwickeln. Eine bekannte Untersuchung aus dem Jahr 1920, von Watson und Rayner durchgeführt, zeigte dies auf[1].

[1]vgl. Becker-Carus, Christian: 2004, Elsevier, Spektrum Akademischer Verlag, Allgemeine Psychologie. Eine Einführung, https://www.pedocs.de/volltexte/2009/751/pdf/978_3_8274_0570_8_Becker_Carus.pdf, letzter Aufruf 12.11.2020.

Dort wurden einem Kind, dem kleinen Albert, einige neutrale Objekte zum Spielen vorgelegt. Dies waren eine weiße Ratte, ein Pelzmantel, ein Hase sowie ein Ball aus weichem Stoff. Mit diesen Spielsachen spielte der kleine Albert gerne, nach der klassischen Konditionierung waren es neutrale Reize. Danach wurde in der zweiten Phase immer, wenn der kleine Albert die Spielsachen greifen wollte, ein lauter aversiver, metallener Gongschlag erzeugt, daraufhin zuckte der kleinen Albert erschreckt zurück. Dies wurde sieben Mal wiederholt und löste jedes Mal heftiges Weinen sowie eine Abwendung zu dem Spielzeug aus. Der kleine Albert zeigte nun immer beim erscheinen des Spielzeugs eine Angst- und Furchtreaktion., selbst wenn kein Signal ertönte. Nach einer Woche übertrug sich die konditionierte Furchtreaktion sich auch auf alle anderen Spielsachen. Diese Form der Reaktion löste eine emotionale Konditionierung sowie eine Verhaltens-konditionierung aus. Der kleine Albert erlernte den gefürchteten Reiz zu vermeiden was zu einer Verringerung der Furcht führte. Dies war eine Form der Belohnung, dies war der Beginn der operanten Konditionierung, welche später Skinner beschäftigen sollte. Der kleine Albert vermied alle pelzähnlichen Objekte und spielte lieber mit Bauklötzen. So lernte er den Reiz des pelzartigen zu umgehen, die sogenannte Reizgeneralisation. Skinner sollte aufgrund dieser Erkenntnis später an Tieren weiterforschen. Seine Erkenntnisse werden später aufzeigen, wie Impulse durch eine positive Konsequenz (Belohnung) verstärkt oder negative Konsequenz (Bestrafung) entfernt oder verringert werden können[2].

[2] vgl. Becker-Carus, Christian: 2004, Elsevier, Spektrum Akademischer Verlag, Allgemeine Psychologie. Eine Einführung, https://www.pedocs.de/volltexte/2009/751/pdf/978_3_8274_0570_8_Becker_Carus.pdf, letzter Aufruf 12.11.2020.

Die Löschung, wie Pawlow schon erkannte, sollte auch bei Skinner zu einem negativen Impuls (Bestrafung) gehören Später entwickelte sich auf der Basis der klassischen Konditionierung nach Pawlow, der operanten Konditionierung nach Skinner sowie den Erkenntnissen auch Carl. R. Rogers Forschungen verschiedene Ansätze zu Gesprächsführung. Die motivierende Gesprächsführung (William R. Miller und Stephen Rollnick) sowie die klientenzentrierte Gesprächsführung (Carl. R. Rogers) hatten jedoch eine Gemeinsamkeit: sie nahmen den Ratsuchenden mit all seinen Facetten, Werten und Zielen auf Augenhöhe wahr. Die Methoden wie aktives Zuhören, nachfragen, bestätigen oder das Zusammenfassen des Gesagten sollten die Gesprächsführung revolutionieren. Entstanden sind die Formen der Gesprächsführung zwischen 1970 und 1990. Dies soll an dieser Stelle nur kurz erwähnt sein[1].

[1] vgl. Becker-Carus, Christian: 2004, Elsevier, Spektrum Akademischer Verlag, Allgemeine Psychologie. Eine Einführung, https://www.pedocs.de/volltexte/2009/751/pdf/978_3_8274_0570_8_Becker_Carus.pdf, letzter Aufruf 12.11.2020. Hausarbeit Grundlagen von Beratungen, Anna Wittmann, 2020.

Pawlows Hunde hielten als Lehrbuchbeispiel für klassische Konditionierung Einzug in jeden Schulunterricht. Sie stellen die einfachste und klarste Form dar, mit der zwei Ereignisse verknüpft werden können. Diese Konditionierung ermöglicht uns, Wissen durch Erfahrung zu erlangen und dadurch auf Reize zu reagieren. Diese Konditionierung ermöglicht es Lebewesen, sich in einer ständig verändernden Welt anzupassen. Unkonditionierte und konditionierte Reflexe sind die Basis des Verhaltens, nicht nur bei Tieren, sondern auch beim Menschen. Bei der klassischen Konditionierung wird kein Verhalten gelernt, sondern ein Reiz, und es entstehen Verbindungen zwischen Nervenzellen, die teilweise nie wieder verschwinden. Pawlow äußerte Kritik an dem leninistisch-stalinistischen System, wurde jedoch von der sowjetischen Regierung mit Lob und Preisen überhäuft. Er bekam als erster Physiologe 1904 den Nobelpreis für Physiologie und Medizin verliehen. Die Erkenntnisse aus seinen Forschungen sollten der Menschheit dienen, wurden jedoch in Verhör- und Foltermethoden sowie der Rechtfertigung politischer Maßnahmen des Sowjet-Regimes benutzt. Dies wird einer der größten Kritikpunkte an Pawlow`s klassische Konditionierung werden. Durch seine Erkenntnisse kann der Mensch manipuliert und gesteuert werden, da weder das Seelenleben noch die Emotionen des Menschen beachtet werden[2].

[2] vgl. Becker-Carus, Christian: 2004, Elsevier, Spektrum Akademischer Verlag, Allgemeine Psychologie. Eine Einführung, https://www.pedocs.de/volltexte/2009/751/pdf/978_3_8274_0570_8_Becker_Carus.pdf, letzter Aufruf 12.11.2020.

4. Bedeutung für die Erwachsenenbildung mit Beispielen

Doch was bedeutet die Erkenntnis aus dem Behaviorismus und speziell die klassische Konditionierung nach Pawlow für die Erwachsenenbildung? Zunächst geht die Lerntheorie des Behaviorismus von einem Ursache-Wirkungs-Denken aus. Der Mensch wird als passives und von seiner Umwelt beeinflusstes Subjekt wahrgenommen. Kein Reiz der Umwelt bleibt ohne eine Reaktion des Menschen. Vielmehr besagt der Behaviorismus das System Mensch lässt sich von seiner Umwelt steuern. Dies würde bedeuten dieser passt sich sein Umfeld an. So hat der Mensch schon immer überlebt durch Anpassung. Dies ist ein natürlicher Prozess. Besonders herausragend sind die Erkenntnisse aus Pawlow´s Forschung für die Methoden der Gesprächsführung, für die Erziehung Kinder und Jugendlicher sowie zur Behandlung von Suchtkranken. Wie schon im zweiten Kapitel erwähnt, revolutionierten die Erkenntnisse von Skinner und Pawlow die Formen der Gesprächsführungen. Zu der damaligen Zeit (1970-1990) waren die Ratsuchenden oft aus extrinsischen motivierten Gründen bei einer Beratung. Miller, Rollnick und Rogers waren frustriert darüber, da die Form der Behandlung die Ratsuchenden nicht ansprach, da diese nicht selbst motiviert waren die Hilfe anzunehmen. Zu dem waren die Berater oft dominant und autoritär, da diese dachten es gäbe nur eine, universelle richtige Lösung. Durch die Erkenntnisse von Pawlow und Skinner verstanden es Miller, Rollnick und Rogers den Ratsuchenden in den Mittelpunkt eines Gespräches zu setzen. Dieser bringt seine eigenen Erfahrungen, Werte, Normen und Einstellungen mit und auf diesen baut das Gespräch auf. Auch die Art wie ein Gespräch geführt wird wurde durch die Erkenntnisse verändert. Neue Methoden waren aktives Zuhören, nachfragen, bestätigen oder das Zusammenfassen des Gesagten. Dies lässt sich nicht zur auf therapeutische Gespräche übertragen, vielmehr lassen sich diese Methoden auch auf Konfliktgespräche, Einstellungsgespräche sowie Lehr-, und Lerngespräche anwenden. Der Vorteil daran ist es den Menschen besser einschätzen zu können und sein Verhalten in gewissen Situationen vorherzusehen, da der Mensch sowie sein Umfeld betrachtet werden. Ein weiters Anwendungsgebiet ist die Erziehung Jugendlicher und Kinder. Diesen soll ein gewünschtes Verhalten erlernt werden, ist das Verhalten unerwünscht, so können negative Impulse in Form einer Strafe geäußert werden. Ist das Verhalten erwünscht bzw. erlernt kann es durch einen positiven Impuls verstärkt werden wie ein Lob. Als Beispiel: Die Schülerin A ist intelligent jedoch auch sehr stark beeinflussbar. Ihre Schulnoten haben sich seit der von ihr gewünschten neuen Sitzpartnerin B und C deutlich verschlechtert. Schülerin A ist unkonzentriert und passt im Unterricht nicht mehr auf. Die Schülerinnen B und C waren schon immer unruhig und störten den Unterricht. Das neue Umfeld (die Schülerinnen B und C) beeinflusst Schülerin A so stark, dass ihre Noten schlechter werden und sie unkonzentrierter ist[1].

---

[1]vgl. Becker-Carus, Christian: 2004, Elsevier, Spektrum Akademischer Verlag, Allgemeine Psychologie. Eine Einführung, https://www.pedocs.de/volltexte/2009/751/pdf/978_3_8274_0570_8_Becker_Carus.pdf letzter Aufruf 12.11.2020.

Die Lehrerin hat bisher das Verhalten der beiden störender Schülerinnen ignoriert. Dies ist Alternative zur Bestrafung, die Schülerinnen sollen keine Beachtung bekommen und so ihr Verhalten ändern da sie ihr Ziel, den Unterricht zu stören nicht erreichen Jedoch wird nun Schülerin A mit hineingezogen und die Lehrerin muss handeln. Sie setzt die Schülerin A zurück an ihren vorherigen Platz und die Schülerinnen B und C setz sie möglichst weit auseinander. Dies ist eine negative Bestrafung zu dem wird ein angenehmer Reiz entfernt, dadurch soll sich die Verhaltensrate reduzieren, im besten Fall verändert sich das Verhalten komplett. Hier vermischt sich der Gedankengang des Behaviorismus, also das Ursache-Wirkungs- Denken sowie die Lerntheorien nach Skinner und Pawlow. Eine weitere Form der Anwendung ist bei der Suchtbehandlung zu erkennen. Suchterkrankte benutzen ihr Suchtmittel um unkonditionierten Stimulus auszulösen. Das Gefühl nach Stillung der Sucht kann eine drastische Reduzierung der Schmerzintensivität, Verdrängen oder vergessen von Problem oder das Gefühl frei zu sein. Nun kann anhand der Erkenntnisse von Pawlow versucht werden die Sucht zu verlagern auf anderen Impulsen mithilfe der klassischen Konditionierung. Damit ist sind nicht Drogen oder Alkohol gemeint, es ist auch anwendbar bei einer gewünschten Veränderung der Ernährung. Im Allgemeinen kann festgehalten werden, die klassische Konditionierung ist in allen Bereichen des Lebens anwendbar. Gewünschtes Verhalten kann so durch reflexartige Reaktionen ausgelöst werden und negatives Verhalten oder ungewolltes Verhalten gelöscht werden. Kritisch zu betrachten ist die Herkunft des Behaviorismus, dieser entspring aus der Naturwissenschaft. Lernen bedeutet Veränderung, jedoch würde der Begriff des Lernens ausufern da sich die ganze Welt ständig verändert. Eine Verhaltensveränderung ist ein Phänomen, jedoch ist dies nur äußerlich zu beobachten. Weshalb die Veränderung eintritt ist jedoch nicht zu erkennen. Das Seelenleben und die Emotionen des Menschen werden nicht beachtet oder verstanden. Des Weiteren werden die Menschen mit Organismen, Tieren oder auch elektronischen Schaltungen oder Maschinen gleichgestellt. Der Mensch unterscheidet sich jedoch stark von diesen Systemen, allein durch seine kognitiven Fähigkeiten. Demnach kann Lernen im Behaviorismus als Verhaltensveränderung bezeichnet werden, dies bürgt jedoch die Gefahr von einer bewussten Verhaltenssteuerung. Diese funktioniert über die Reize und Impulse, welche eine Reaktion hervorrufen, durch diese Kontrolle der äußeren Bedingungen sind Menschen manipulierbar und konditionierbar. Zu beachten ist hierbei die Autonomie des Menschen, er muss sein Verhalten selbst verändern wollen. Es darf nicht die Gefahr bestehen, den Menschen etwas aufzuzwingen, ihn Reizen auszusetzen und am Ende dem Menschen körperlich wie psychisch zu schaden. Schon in der Vergangenheit wurden die Erkenntnisse, wie schon erwähnt, als Verhör- und Foltermethoden sowie der Rechtfertigung politischer Maßnahmen des Sowjet-Regimes benutzt. Demnach muss eine Behandlung nach dieser Lerntheorie mit dem vollen Einverständnis des Menschen stattfinden, rein aus ethnischen Gründen. Auch wenn der Gedankengang des Ursache-Wirkungs-Denken seit der „kognitiven Wende" (1960- 1970) als überholt gilt, sind viele theoretische Modelle, bei genauer Betrachtung immer noch stimmig. Jedoch kann durch reines Beobachten des Verhaltens die Komplexität menschlichen Handelns und dem Spezialfall Lernen kaum erkannt werden. Die Forschungen sowie die Erkenntnisse von Pawlow sollen der Menschheit dienen sowie diesen hilfreich sein und nicht einzelnen Menschen, welche ihre Macht demonstrieren und ausleben wollen[1].

[1] vgl. Christine Goerigk, Franziska Schmithüsen, 2019, Springer Verlag, Der Psycho-Comic Die Klassiker der Psychologie, file:///C:/Users/User/Downloads/2019_Book_DerPsycho-Comic.pdf, letzter Aufruf 12.11.2020.

Vgl. Faulstich, Peter, 2005, Lernen Erwachsener in kritisch-pragmatischer Perspektive, Zeitschrift für Pädagogik 51 4, S. 528-542
https://www.pedocs.de/volltexte/2011/4767/pdf/ZfPaed_2005_4_Faulstich_Lernen_Erwachsener_D_A.pdf, letzter Aufruf letzter Aufruf 12.11.2020

I. Quellenverzeichnis

Becker-Carus, Christian: 2004, Elsevier, Spektrum Akademischer Verlag, Allgemeine Psychologie.   Eine   Einführung, https://www.pedocs.de/volltexte/2009/751/pdf/978_3_8274_0570_8_Becker_Carus.pdf, letzter Aufruf 12.11.2020.

Christine Goerigk, Franziska Schmithüsen, 2019, Springer Verlag, Der Psycho-Comic Die Klassiker der Psychologie, file:///C:/Users/User/Downloads/2019_Book_DerPsycho-Comic.pdf, letzter Aufruf 12.11.2020.

Emil V. Skramlik, 1936, Die Naturwissenschaften Heft 27, I.P.Pawlow zum Gedächtnis, file:///C:/Users/User/Downloads/Skramlik1936_Article_IPPawlowZumGed%C3%A4chtn is.pdf, letzter Aufruf 12.11.2020.

Faulstich, Peter, 2005, Lernen Erwachsener in kritisch-pragmatischer Perspektive, Zeitschrift   für   Pädagogik   51   4,   S.   528-542 https://www.pedocs.de/volltexte/2011/4767/pdf/ZfPaed_2005_4_Faulstich_Lernen_Erwa chsener_D_A.pdf, letzter Aufruf letzter Aufruf 12.11.2020

Fritz   Sander,   1932,   Der   Behaviorismus,   Darstellung   und   Kritik, file:///C:/Users/User/Downloads/Sander1932_Article_DerBehaviorismus.pdf,   Aufruf 12.11.2020.

Prof.   Dr   F.   J.   J.   BUYTENDIJK   und   Prof.   Dr   H.   PLESSNER,   1936, file:///C:/Users/User/Downloads/BuytendijkPlessner1936_Article_DiePhysiologischeErkl %C3%A4rungDesV.pdf , letzter Aufruf 12.11.2020.

Vincenzo Costa 2008, Die Erfahrung des Anderen. Phänomenologie, Behaviorismus und Spiegelneuronen,   Springer   Science+   Business   Media   B.V file:///C:/Users/User/Downloads/VincenzoCosta2008_Article_DieErfahrungDesAnderenP h%C3%A4nomen.pdf, , letzter Aufruf 12.11.2020.

III.   Abkürzungsverzeichnis

Vgl.: vergleiche